밤차 여행

권오숙 시집

도서출판 실천

밤차 여행
시와편견 서정시선 073

————————————————————

초판 1쇄 인쇄 | 2022년 8월 15일
초판 1쇄 발행 | 2022년 8월 20일

지 은 이 | 권오숙
펴 낸 이 | 민수현
엮 은 이 | 이어산
기획·제작 | 계간 시와편견
발 행 처 | 도서출판 실천
등 록 번 호 | 제2021-000009호
등 록 일 자 | 2021년 3월 19일

서울사무실 | 서울특별시 종로구 율곡로 6길 36
　　　　　　02)766-4580, 010-6687-4580

편 집 실 | 경남 진주시 동부로 169번길 12 윙스타워 A동 810호
전　　　화 | 055)763-2245, 010-3945-2245
팩　　　스 | 055)762-0124
전 자 우 편 | 0022leesk@hanmail.net
편집·인쇄 | 도서출판 실천
디자인실장 | 이예운　디자인팀 | 변선희, 이청아, 김승현

ISBN 979-11-92374-07-9
값 12,000원

* 이 책은 전부 또는 일부 내용을 재사용하려면 저작권자와 '도서출판 실천'의 동의를 받아야 합니다.
* 이 책의 국립중앙도서관 출판예정도서목록(CIP)은 서지정보유통지원시스템(http://seoji.nl.go.kr)과 국가자료종합목록시스템(http://www.nl.go.kr/kolisnet)에서 이용하실 수 있습니다.
* 잘못된 책은 교환해드립니다

밤차 여행

권오숙 시집

■ 시인의 말

첫사랑 같은 설렘
다 공개한 건
아니지만

내가 토해놓은
글…

손이 부끄럽다

                        2022년 여름
                           권오숙

■ 차례

1부

달빛	12
장마	14
물의 힘	16
풀잎에게	17
농사	19
갱년기	21
행복	22
장미	24
카페인	26
배꼽	27
밤 1	29
반전	30
낚시	32
밤도둑	33
손톱	35

2부

부부 1	38
부부 2	39
부부 3	40
부부 4	41
부재중	42
방콕에서	43
다이어트	44
노안	46
변기의 변비	47
도깨비 시장	48
동짓날	49
잔소리	51
이순	52
단골 손님	53

3부

성주참외   58
우기   60
빗물   62
통화   64
밤 2   65
짝사랑   66
퇴고   67
대청소   69
홍매화   70
맛이 없지   72
오늘이 며칠입니까   74
김치 냉장고   75
바퀴 달린 뚜껑   76
외줄타기   77
정지된 화면   78

4부

달	82
내 속에 있는 시	83
밤차 여행	84
꿈	86
대파	87
백세시대	88
해물탕	90
우리가 모르는 너	92
밤 3	94
솜씨	95
약속	96
고등어	97
소고기국	98
식당 아줌마	100
원주 나들이	102
감성 계좌	103
시집해설_ 김용길 시인	104

1부

달빛

방학이라 내려 온
옆집 오라버니는
마냥 철부지이던 소녀 가슴에
소리 소문없이 스며든 달빛이다

소녀는 그 달빛에 쫓기어
고개도 들지 못한 채
헛간 옆 텃밭을 지나
모과나무 밑에 가 섰다
울퉁불퉁한 소녀는
모과나무 밑에서
감당이 안되는 달을 피해
쪼그리고 앉는다
앉아 있으나 서 있으나
발등까지 들썩이는
심장박동 소리
누가 엿듣지는 않았을까
소리 소문없이

좁다란 가슴에 뜬 달
밤새도록 간수하느라
새벽이 오는 줄도 몰랐다

장마

무엇 때문일까
쇠털같이 많고 많은 날
하필
유월이면 그렇게 서러울까

밤낮을 가리지 않고
어금니를 꽉 물고
잠잠한가 싶더니 또
통곡하네

그래
울고 싶을 땐
참지 말고
시원하게 쏟아
그렇게라도 씻은 듯 닦아내야지

나도 서러울 땐
소리 내 운적이 있었어
실컷 울고 나니

하늘도 밝고
땅도 맑아지더군

물의 힘

비닐봉지 입구가
엄지 검지
양쪽을 동원해도 벌려지지 않는다

홑 비닐
불량품인가
입 주변이 갈기갈기 뜯기고
목까지 흐느적거려도 입을 안 벌린다

내 입술이 다 타들어 가 물을 마신다
손에 묻은 물기 때문일까
그렇게 꼭 다물고 있던 비닐 주둥이가
배시시 입을 벌린다

그까짓 물기가 뭐라고
닫혔던 속
투명하다며
밑천까지 내보인다

풀잎에게

매일 아침
너를 만나러
이른 새벽부터
어둠을 걷어내며
조심스레 다가갔어

그런데
넌 진정으로 나를
받아주지 않은 듯
곁에 있어도
말이 없어

너는 나에게
약간 기우는가 싶다가도
물 밀듯이 밀어내었고
나만 너의 등짝을
토닥이며 어루만지다
내가 지쳐 쓰러지고

새벽 참 이슬로
정갈하게 보듬었는데
넌 햇살과 눈이 맞았는지
손바닥을 마주치며
춤을 추며 반짝이더군

농사

뒤늦게 시 농사를 지어보겠다고
네가 내 속에 덥석
뛰어들긴 들었는데
소똥 벗어진지
반백 년이 훌쩍 넘은
거름이 다 씻겨나간 자리

때를 놓쳐버린 곳에
싹이 제대로 틀까
줄기와 뿌리가
서로 엉키지는 않을까

불모지 가슴팍을 갈아 엎어
밤 낮 호미질로 땅을 고른다
단백질 풍부한 굼벵이 나올 때까지
줄도 없는 잡초만 무성하면 어쩌나

누가 보면 겉보기엔 그럴싸하다

큐 사인 들어가면
책상과 의자 사이 밀착해서

한 글자 한 소리 써 내려가다
머리가 아픈지 졸음이 오는지

붓 꼭지로
파 뿌리를 파헤친다
싹도 없는
온실에서

갱년기

삐거덕거리는 지게에
짐을 너무 많이 실었나

내 발목을 잡고
뒷다리를 당긴다

지게를 벗자마자
허리를 지탱하기도 힘들어
의자에 철퍼덕 주저 앉는다

몸이 말을 한다
이제
힘에 버거운 짐은 내려놓으라고

행복

요즘은 코로나 때문에
때가 되면 목욕을 집에서 합니다
화장실 문을 꼭 닫아걸고
큰 대야 두어 군데 온수를
채워 넣으면
수증기 때문에
나도 나를 찾기 힘듭니다

이탈리아에서 온 때밀이는
귀신같이 삼십여 분 동안
증발한 나를 찾아다니며
벗은 나를 또 벗겨 내립니다

손이 닿지 않는 곳엔
외부로부터 도움을 청합니다
거실에서 티브이 보고 있는 남자를 불러
등 가운데만 밀어 달라고
거실 쪽을 향해 놓고 때를 씁니다

싫다더니 구시렁 구시렁

죄 없는 등에 대놓고 더러워 죽겠답니다

나는 시원해요

고마워요

소리 없이 허옇게 웃고 또 웃습니다

장미

집안에 살림 밑천 맏딸 아이
어느새 혼기가 차 신부 수업 들어가야겠다

이제부턴 바깥출입 자제하고
집안에서 책도 보며 가정 실습을 해야겠구나

아버지는 마당 안으로 휘파람 소리 하나
새어들지 못하게 근육 단백질 같은 시멘트로
돌담 사이사이를 꼭 틀어막았다

그래도 깊이가 없어 보였는지
혹여 어떤 놈이 담장을 넘을까
쇠 철망까지 높이 덧붙였다
이 정도면 안심이 되었다 싶었는데

아뿔싸
어느 날인가
발목까지 내려오는 댕기 머리를

담장 밖에 늘여뜨려 놓고
쇠 철망에 걸터앉았다

아무리 강하시고 엄한 부친의 슬하에도
때가 되어 왕성하게 피어나는
붉은 댕기 머리는 갈무리할 수 없다

카페인

살아가면서
1일 권장량을 초과한 게
어디 한둘이겠냐마는

카페인이 먼저 후각을 유혹하기에
혀끝에 살짝 감겼을 뿐인데
잠자는 사람을 일으켜 세운다

실컷 자고 일어난 줄 알았는데
겨우 두어 시간
깊게도 못 잤다

외면한 채 돌아누워
이런저런 세월을 뒤척이는데
빛바랜 새벽이 힐끔 들어다 본다

배꼽

빨간 물결 가을에
젊음이 끊어진
입술만 빨간 아낙들이
딱, 중간 배꼽지점에서
만나기로 했다

사당역 12번 출구

산골 소녀
5인조는 벌써
도착했다는데
잠실 아파트 사는
친구는 자가운전
브레이크 불빛에
길 위에서 불타고
연둣빛 2호선
전철 속으로
들어간 친구는

콩나물 시루
인천에서 떠난 친구는
환승역 신도림이 복잡해
출구를 잘못 찾아
순환선에 올랐다고 한다

인생의 가을 지점
각기 다른
노선으로 걸으며
다른 색깔로 물드는 삶
사당역
배꼽 지점에
넋이 나간 수다에
빨간 배꼽이 빠진다

밤 1

눈감고 누웠는데
알록달록 별 사탕이
머리 위로 쏟아진다

하나둘 수를 놓듯
줄줄이 꿰면
달큼한 시 되겠다

잠 속에 심으면
잠잠한 시
숲 이루어
내 생도
반짝일까

반전

아빠가 출근하면서

벌어먹기 힘들다며

구시렁거린다

아빠

힘들면 회사 나가지마!

힘들다고 회사 안 나가면

우리 가족 뭐 먹고 사냐

엄마가 은행가서 찾아오면 돼

그랬던 너 덧살 배기

은행원이 되어

아빠, 힘들면 회사 나가지 마

내가 은행가서 돈 벌어 올게 한다

낚시

시 어장에 가입해
대어를 낚을 요량으로
온라인 물속으로
첨벙 뛰어들었다

미끼는 인공으로 던져놓고
찌가 갸웃거릴까
묵묵히 애써본 지 여러 해
승산이 없다

옆에 있는 사람이 잡아 놓은
대물을
숨죽여 들여다보다
댓글로 수위를 감지해 본다

바늘이 시원찮은가
떡밥이 부실한가
수년째 부둥켜안고 씨름해도
피라미도 낚이지 않는다

밤도둑

잠자려고 불만 끄고 누우면
어떤 놈이 안방으로 말없이 들어와
발부터 더듬거려 물어뜯고
다리팔 머리끝까지 올라오며
몇 방을 쏘고도 모자라
나를 또 일으켜 세운다

나는 불을 켜고 역정 나는 대로
두들겨 패 눕히고
다시 불을 끄고 누웠는데
이번엔 다른 놈이 내 귓불에
휘파람 소리를 내며 살살 거린다
내가 못 살아
하룻밤에 여러 놈과 씨름을
그것도 날마다 해야 하니

그놈들 코엔 아직도
나한테 꽃내음이 나는지

싫다는 데도 자꾸 빨아 먹는다
벼룩이 뭣보다 별로 크지도 않은 놈이
감히 나를

그래도
아침에 일어나 보면
하트 하나 진하게 그려 놓았다
짜아식

손톱

네 손끝에 묻은 음식은
내가 다 먹어 치웠는데

넌 뭘 먹고 자랐니
반달을 기점으로 자세히 보니

손톱 밑 때도 그대로인데
톱니처럼 날을 세우더니

내 살을 닥치는 대로 긁는구나
가끔 꼬집기까지 하네

아무래도
내게 원한이 있는지

옷깃을 물고 늘어지기도 하네

2부

부부 1

식구라곤 달랑 둘

이것저것 먹는 일
허접하고
팔도 아프다

찬은 간이 맞는지
밥은 알맞게 지어졌는지
말이 필요없는 공간
그러려니
그냥 먹는다

중간쯤 먹었을까
식탁 모서리 옆
물병 사이로 손짓을 하니
냅킨을 쓱 빼서
말도 하지 않고 건네주는

부부 2

김칫소를 넣어주는 남자

남자라는 이유로 묻어두고 지냈다며
가수 조항조의 노래가
잘 절인 배춧잎에 추임새로 감기고

잎잎이 베일에 가려져
잘 보이지 않지만
알차게 채워지는 항아리 속처럼
매년 함께 채워 가는

부부 3

안방극장에 모로 누워
사과가 먹고 싶다고
화면 보고 말했는데

몇 분 후
머리맡에 우두커니
포크에 꽂힌 사과

맛있다

부부 4

쥐꼬리만한 봉투를 움켜잡고
새벽까지 방아를 찧었는지
지고도 못 올 주량을
몸속에 집어넣고 리듬을 타는지
귀에 박히는 18번
바뀔 때도 지났건만

배 밖을 나갔던 간덩이
골목 햇살에 기대어
집 쪽으로 들어온다
미안해
북어 대가리

눈알 빠지게
두들겨 맞고
부글부글 끓는다
콩나물에 휘감겨

부재중

아침 먹은 후에 약은 먹었는지

약봉지가 있는 쪽으로 가보니

커피 마셨던 컵에 앙금이 그대로 있다

약도 안 먹었다

약과 물을 마시면서 시계를 힐끔 쳐다보니

정오가 다 되어 가는데

지금까지 한 일이 없다

내 정신은 그동안

어디에 다녀 온 건가

방콕에서

코로나 거리 두기 방역수칙에
꼼짝도 못하는데
대체 휴일 합해서 연휴가 3일이나 된다

오늘이 둘째 날
생선은 고기가 아닌지
저녁에 온마리 통째로 구워 먹었는데

내일은 고기 구워 먹자고 한다
밖에서? 아니!
아침은 간단히 먹고

불 끄고 잠자리에서
두루뭉술하게 넘기고 돌아누웠다
아침에 간단한 게 뭐가 있을까

잠들기 전 어렵지만
마지막 날의 숙제를 풀고 잠을 자야
건강한 연휴 3일이지

다이어트

가족들은
아침저녁 수없이 저울 위를 오른다
나와는 상관없는 일이다
거들떠 보지도 않았다

봄 타는지
며칠째 입맛이 없어
모처럼 굶다시피 한 관계로
발 한쪽을
저울 위에 올려보았다

이놈은 식욕이 왕성한지
내 반쪽을 쓰나미처럼 흡입하고
그러고도 모자라는지
붙잡고 흔들며 놓아주지 않는다

남은 발을 마저 올려놓았더니
눈 깜짝할 새

입안에 있는 혀까지 잡아 당긴다
이럴 리가 없는데
얼른 내려왔다 다시

나비처럼 날아올랐는데
신들린 듯 흔들어대다가
먹은 양만큼 정확하게
작두 위에 멈춰 섰다
바람 한 점 없는데

노안

너희 집에도 내년에는
농협 달력을 구해와서
거실 벽에 큼지막이 걸어놓고 보아라

손바닥만한 달력을 들고
음력 날짜 볼 때마다 번번이 돋보기 들이대고
전깃불 밑에서 찡그리지 말고

백세가 가까운데
돋보기 없이 글자 잘 보시는
외할아버지 말씀

변기의 변비

언제나 나를 안아주던
새하얀 무릎
오래도록 함께 하다보니
희한하게 나를 닮아간다
좋은 걸 닮지 하필이면
고약한 걸 닮아 가는

도깨비 시장

캄캄한 밤중
이리저리 뒤척이다
빛나는 별을 외상으로 사고

그 외 푸성귀는
몇 푼어치 안 되어 떨이로 사 들고
파장이 될 때까지 바닥을 휩쓸고 돌아다닌다

술 주정뱅이처럼
허연 새벽에는
쓰러져서 일어나지도 못 하면서

동짓날

5호선 굽은다리역
집에서 두 정거장 반이다
걷게 되면

점심 설거지를 하고 보니
부쩍 짧아진 해
빼닥하게 째려보자
레이저를 쏜다

지체할 시간이 없다
해를 둘러업고 가야겠다
돌아올 때 달랑거리며
안고 와야지

굽은 다리역을 돌아
집에 오는 길
굽어있던 내 오금이 펴져

재래시장 골목 곳곳을 들락인다

검붉은 팥죽이 새알을 낳는다
소문난 팥죽, 죽이는 집인지
팥죽 속 새알보다 더
많은 사람이 모여 있다
나도
그 새알 속을 비집고
재앙을 물리치려
잡귀를 밟고 섰다

잔소리

가자
네가 앞장서거라
현관문 걷어차지 말고
대문 밖을 나가면 항상 조심하고
아는 사람 만나면 나란히 서서 인사하고
너무 지저분한 곳 밟지 말고
걸음 걸을 때 발걸음 소리 내지 말고
좌우로 차가 오나 잘 보고
앞뒤는 물론이고
팔자걸음 걷지 말고

모서리 꺾을 때는 관절 접히지 않게 하고
목적지 도착할 땐 서서히 멈춰야 한다
혹시 급정지라도 하면
발바닥 열이 급속히 치솟아 휘뿌연 안개에
시야가 비틀거릴 수 있으니

이순

머리를 감았지
매일 머리를 감으면
지문이 모발을
읽어내지 못하지

솔바람이 불어 온다
솔잎의 향기와 송진향이
정수리를 휘돌아
인중을 타고

손가락 사이로
빠져나간 솔잎
다시 끌어모아 빗기니
되살아난다 파 뿌리처럼

단골 손님

잊을만하면 1년에 한 번은 꼭 찾아온다
어떨 땐 깜빡 잊고 있다가
만나면 또
반가운 손님, 가을

문밖에서 나를 먼저 본 건지
눈도 안 마주쳤는데
막무가내 집 안으로 들어와
소리 없이 속삭인다

난 멀찍이 떨어져 있고 싶은데
말 없는 말을 속살거린다
바람도 이길 수 없는
손님

그럼 그렇지
너는 또
방안 어디쯤에서 우는지

때가 되면 귓등에서 시를 읽는다

이러다가 비까지 내리면
밤새도록 가슴은 콩닥콩닥
허연 새벽까지
잠도 못자지

3부

성주참외

맞선 보러
양지다방 가서 알았다
경상도 그 청년이
성주 참외 농사를 짓는다는 것을

양지다방 쌍화차 속에 동동 떠 있는
참외가 터지기 전 나는 숨도 안 쉬고
구두를 들고 빠져나왔다
먼 친척 뻘 아저씬 뻥이 어찌나 세던지
그 다방 공기도 내 뒤를 따라 나왔으리라

이듬해 다른 집으로 출가하여
입덧이 유난스러웠는데
염치없이 성주 참외가 먹고 싶다
버스 타고 참외 사러 가는 중 멀미가 심해
눈앞이 모두 참외 비닐하우스로 보였는데

그때 혼인이

그쪽으로 성사되었더라면
노란 멀미는 겹치진 않았을 터
성주 참외는 원 없이 먹었을 터
다른 건 몰라도 참외는
성주 참외가 최고라나

우기

며칠 전에 왔었는데
오늘은 또 밤에 온다고 우긴다
달도 별도 없는 밤에
누가 마중하는 이도 없을 텐데

너도 네 맘대로 오는 게 아닌가 봐
가끔은 야근에 날밤을 새우고
까만 밤을 휘저으면
나를 찾을 수 있으려나

엊그제는 마침 낮에 와서
하얀 삿갓 쓰고 도란도란
데이트하기 좋던데
이따가 기척 없어도 마중은 함세

개구리도 널 기다리는지
커튼을 자꾸 흔들어
나는 창문을 열었다 닫기를 반복하네

몇 시쯤 올 건지 정확히 몰라

그리 기다리지 않아도
자주 와 주는 너
밤이라
눈을 감고
귀는 활짝 열어두었네

빗물

비가 종일 울면
배 고파서 그럴 거야
그러지 않고서야 식전부터
점심나절이 지났는데
그칠 줄 모를까

더 슬피 울지 않게
비 행간에 프라이팬을 걸쳐
빈대떡이라도 부쳐주자
냄새 맡고 안으로 들어와
마른 눈물 닦을지

하늘은 실컷 울고
땅은 배가 불러야 조용해
나도 비 오면
슬픈지 고픈지
국시 삶아 한 행 두 행 리듬을 타

짠물에 놀다 온 왕 멸치
맹물에 놀라 곤두박질치고
빗물에 놀란 프라이팬 찌직
빗소리 모방하느라 분주해진다

통화

오늘
계획한 건 아니었는데

부회장

여회장

소중한 딸

내 엄마

유 여사

큰고모

안부 겸 수다

밤 2

저녁 먹은 설거지를 하고 뒤돌아보니
2홉들이 소주 한 병이
소파에서 삐딱하게 누워 잔다

아직 초저녁인데
코를 골던 알코올이
간이 휴게소도 들리지 않고

방으로 들어가더니
시속 백 킬론지
정식으로 달린다

티브이 리모컨을 손에 든 채
방문을 꼭 닫으니
답답하던 공간이 탁 트인다

모처럼 찾아온 자유
불과 서너 시간이지만
그 덕에 나도 취하는

짝사랑

여보게
내 안에 들어와
집 지은 지 수십 년 되었지
땅주인 허락도 없이 말이야
그것도
무허가에
주거 침범에
무 임대료에
동거 아닌 동거 생활
이젠
더 이상 못 버티겠다
하늘보다 땅값이
더 비싼 거 알지
은둔생활 청산하고
내 밖으로 나가주면
엊저녁에 있었던 일
비밀로 해줌세

퇴고

어젯밤에 썼던 시를
눈감고 퇴고해 봅니다

보이지도 들리지도 않지만
입안에서 역류하는 언어 걷어내고
영양분을 가라앉혀
살이 될 자리에 붙이고
부스럼은 걷어냅니다

몇 시간 동안 되새김질에
수십 바퀴를 굴렸더니
배가 고픕니다
새벽이 소리 없이 문을 두드립니다
감은 눈 그대로 일어나야겠습니다

그런데
오늘이
아직도 새벽이라고

귀 기울이게 합니다

방안은 여전히 퇴고 중이라
방향 감각이 없습니다
마지막 행은
어디 있는지도 모르고

대청소

저녁 일곱 시부터
한시간 반 동안 대청소 시작이다

하얀 입자를 물에 풀어 희석해 누렇게
찌든 동굴 속에 가득 채워 서너 시간 불린다

수십 년 동안 청소를 한 번도 안했기에
내일 새벽 다섯시에도 반복할 예정이다

규정한 대로 대청소가 완전히 끝나면
다음 날 아침 여섯 시 반이 된다

졸졸 흐르는 개울 길 따라 걷다 보면
여덟 시
의사 선생님께 검사 받으러 가는 날

내가 시원하게 닦아놓은 동굴 속 너무
깨끗하면 의사들은 재미없을지도 모르리

홍매화

문학기행 가겠다고
밤낮으로 보챘더니
안 하던 짓 한다며
잔소리하면서도
시제를 던진다

말 잘 들으면 보내 준다고
겨우 허락한 바깥양반 맘 변할까
좋아하는 주전부리 챙기고
젖은 반찬 서너 가지 버무리고
진국 이틀 치, 사랑 사랑 끓는다

지리산 자락 나를 찾아 잡힐 듯
잡히지 않는 시를 찾아 떠나온 여행
특강의 감동이 어둠보다 짙게 스미는
문학의 밤 홍매화 터질 듯 부푼다

'재미있게 놀다 오이소 장사는 괜찮게 했어요'

산청까지 날아온 바깥양반 메시지
웬일인지 봄바람처럼 부드러워지고
흥에 겨워 경상도 아가씨를 부른다

내 꽃 필 때 만난 그 청년
은은히 사로잡은 그날 밤
그 마당의 홍매화
여태껏 고울까

맛이 없지

시 요리를 하려면
제목이 좋아야 하는데
아니야

시의 생명은
물
불
간이야

일류 요리사가
특등급 소고기로 국을 끓여도
삼박자가 맞지 않으면
맛이 없지

같은 재료로
며느리는 부엌에서
시어머니는 안방에서
시 요리를 시작한다

안방에선

제목만 보고도

혀끝의 미각으로

입맛을 다시는데

부엌에선

같은 제목을 받아놓고

안방 전문가의 눈치를 살피며

물불 조정이 서툴러서

애를 먹는다

오늘이 며칠입니까

몇몇 둘러앉은 밥상머리에서
옆에 있던 지인이 통화하다 말고
오늘이 며칠이냐고 묻는다

나는 며칠인지 모르겠다고 했다
잘은 모르긴 해도
11월 중순 어디쯤 가고 있겠지

환갑 진갑 다 지난 이후로는
하루 이틀, 날 가는 건
그리 대수롭지 않게 여긴지 오래다
날마다 신경 써봤자 그리 이로울 것도
오히려 걸리적거리고 귀찮다

젊었을 적엔 심장이 초침처럼 뛰면
나도 덩달아 뛰곤 했었는데
금년도 불과 몇십일 안 남았지

동짓달 고목나무에 매달린 홍시 같은 날들

김치 냉장고

우리 집 어머니는 욕심이 너무 많아요
식구가 없어 김장을 조금만 조금만
노래를 부르시더니
소리 따로 몸 따로예요
김장을 여러 통 담그고
그뿐 아니에요
나랑 궁합이 딱 맞는다며 찰떡에
동치미 대봉감 고령 호박
주는 대로 입을 벌렸더니
올 겨울도 포만감에 살쪘어요

바퀴 달린 뚜껑

거실 소파 옆
회전의자에 앉아
상처 난 부위에 연고를 바르고
뚜껑을 닫으려고 보니
어디로 갔는지
아무리 찾아도 없다

일어서서 의자를 밀어내고
창문 커튼 밑으로 살펴보다
주방 쪽으로 굴러갔나
하얀 바퀴가 달렸는가

안방 문 앞에서도 찾아보다가
돌아앉아 온몸을 거실 바닥에
납작 엎드려
삼백육십도 회전을 하는데
난데없는 곳에서 마주 보며
하얗게 웃는

외줄타기

바닥을 짚고 일어나
간신히
물 한 모금 입에 물고

거실에서 주방으로
주방에서 안방으로

밤새 접혔던 관절과
근육을 늘려가며
오늘도 외줄타기

무난히 지나갈 수 있으리라
믿으며
중심을 잡아보는

정지된 화면

티브이 화면에
들어가 앉았는데
남편이 창 쪽에서
자꾸 쳐다보는 것 같다

평소엔 잘 안 쳐다보더니
관찰하듯 뚫어져라 쳐다본다
왜 그렇게 보냐고
얼굴에 뭐 묻었냐고 발끈했더니

더 세세히 정면으로 바라보며
좌우로 절레절레 흔든다
정신이 흐릿하고 년식이 오래되어
견적이 많이 나오겠다며

구입한 지 오래되어
서비스도 안된다며

여보시오

말 나온 김에

원상복구 청구합니다

4부

달

허연 이를 드러내며
피식 웃는 게
넌 보통 싱거운 게 아니야

여러 사람이 다 보는 벌건 대낮에
해님은 온종일 널 기다리다 지쳐
온몸에 열까지 퍼져

금방 숨이 넘어가는데
넌 처연하게 팔다리를 뻗어도
닿지 않을 곳에서 희멀겋게 웃더군

내 속에 있는 시

개나리꽃이 피면 개나리꽃처럼 예쁘고

벚꽃이 피면 벚꽃처럼 예쁘고

장미꽃이 피면 장미꽃처럼 예쁘지

내 속에 핀 꽃은 사계절 늘 피어 있지

밤차 여행

영시에 출발하려다 두시
다 될 무렵
누워가는 막차에 탑승했다
예정된 소요 시간은
예닐곱 시간 걸린다

뒤늦은 승차감에 곤하게 달리다
한쪽 발을 헛디뎌 꿈에라도 깨면
다음 날 아침
환승할 차 시간 놓칠까
노파심에 돌아눕다 시계를 본다

네 시 삼십 분이다
도착할 시간은 아직 멀었고
자리끼로 목을 축인 후
간이 화장실 다녀와서
그 자리에 다시 누웠는데

또 다른 누군가가
목적지 도착했다고
횡설수설하는 통에
벌떡
일어나긴 일어났는데
네시 삼십오분

꿈

잠자는 산모 목덜미에
암소 머리통이 걸쳐져
누런 잠을 자고 있다

가녀린 목에
큰 머리통이 얹혔는데도
하나도 안 무겁다

할머니, 꿈 해몽이
너무 예쁘다
첫 딸은 살림 밑천이래

대파

한때 나도 대파처럼 비쌀 때도 있었지만
파 하면
아이들은 엄마 하고 싶은 대로 하세요
엄마는 우리 집에서 대장이잖소
그래
대파는 어느 음식에도 안 들어가는 데가 없다
나도 우리 집에선 대파였구나

백세시대

올봄부터
한 번도 가보지 않은 곳에
여행을 떠나신다며
만기가 얼마 안 남은 정기예금을
손수 해약해 여비를 챙기신다

아버지
여비와 연세는 좀 두둑하십니다만
끼니라곤 겨우 미음 서너 숟갈이 전부인데
그래 드시곤 낯선 여행길
절대로 못 가십니다

보세요
지붕 위에 달린 홍시도
긴 마당을 두리번거리다 낯설어
얼굴이 빨개져도 그냥 달려 있잖아요
그런데
오늘따라 아버지 손발이 청감처럼 차갑습니다

끝인가 싶어, 내 젖 먹던 힘을 다해
아버지 손을 꽉 잡았다 미지근해질 때까지
정성 부족인지 쉽사리 데워지지 않는다
다시 뜨신 눈물로 마사지를 한다

아버지
어젯밤 꿈에 아버지가 진짜로 돌아가셨습니다
울다 가까이 가서 아버지를 일으켜 앉혔더니
눈을 부릅 뜨셨습니다
95년 만에 하늘나라로 여행 가시는 줄 알고 놀랐습니다

아버지
그래도 이만저만하시니 참 고맙고 멋지십니다
아버지 몇 해만 더 힘을 내어 주시면 백수白壽입니다

해물탕

벌건 대낮에
후끈한 불 앞에서 못 볼 것 본다

거품이 끓어오르는 욕조
거품 물고 양반다리 털게
홀딱 벗은 수컷 오징어 한 마리
미끄덩거리며 들어선다

키가 작아도 당당한 양파는 제 맛에 향기를 내뿜으며
롱 다리 위에 요염하게 걸터앉았다
팔 다리 여덟 개
어디가 가랭인지 모르는 산 낙지
밭일에 쓰러진 소 벌떡 일어날까

갑각류 곗날 인양
키조개 왕새우 생합 대합 소라 가리비
발 없이 걸어와 다리 속에 숨는다
가마솥 마다않고 들락거리는 대파도

미끈한 다리라고 양다리를 걸친다

돌처럼 굳어 있던 전복까지
주꾸미의 요염한 다리 짓에 은밀한 배꼽을 드러낸다
눈이 시퍼런 쑥갓이 눈꼴 시린지
파란 이부자리로 뒤집어 씌우자
다진 양념 주먹만 한 게
다리들 사이로 비집고 들어가 주물럭 거린다

바다가 끓는다
가랑이 사이를 발라 먹는다
진한 사랑을 씹는다

뚜껑,
탕!

우리가 모르는 너

나도 내가 늙어가는 걸
모르진 않는데
너는 한밤중까지 구태여 찾아와선

머릿니도 없는 머릴 긁다가
벼룩도 없는 팔다리를 긁다가
이리 배치고 저리 뒤치며
달갑지도 않은 손사래로
모른 척

눈치도 없이
곤하게 잠들면 네 팔자가 상팔잔데
얼추 두어 시간 좋게
두꺼비 집을 지었다 허무는
허연 새벽에

폐기물 차에 실려 갔는지
호들갑에 지친 간밤을 떠서

돌아오는 모든 길을

밤마다 떠안는다
여명이 오는 길로 마주 서
지우는 일이 태반이다

밤 3

눈을 감고 눕게 되면
오늘을 잊겠다는
밤은 밤바다처럼
새까맣다

오늘 일들을
내일이 알게 뭐냐고
하품한 눈물로
오늘을 헹궈

어젯밤에 걸어 두고
누웠는데
자꾸 재촉한다
째깍째깍

솜씨

가수는 마이크 잡고 입만 벌리면 소리가 나오고

화가는 백지를 펴놓고 물감만 떨어트려도 작품이
되고

요리사는 음식 재료만 보고도 고개를 끄덕이며
침을 삼키듯

글쟁이도 펜만 잡으면 누에가
고치를 만들 듯
비단 한 필 나왔으면

약속

등산 가방이 어깨에 매달려
질퍽질퍽 집을 나섰다

비에 젖은 우산도
버스를 타고
지하철을 환승하고
약속한 장소에 가 섰다

비를 맞은 새들은 다
어디로 갔을까
전화벨 소리만
푸드득 날아온다

고등어

안동에 가서 간을 하면
안동 간고등어

서울 가서 간을 하면
서울 간고등어

우린 한 배에서 태어나
한 배 타고 들어 왔는데

너는 안동 밥상에서 대접받고
나는 서울 밥집에서 대접 받는다

소고기국

참기름을 먼저 두르고
들어 봐, 본대로 한근을 다 쏟아붓고
큰 냄비에 달달 볶습니다

아홉 식구에
어머니는 누굴 빗대었는지
달달 볶는 애끓는 소리가 들립니다

이밥에 고깃덩어리 둥둥 떠 있는
얼큰한 국 한 사발이면 일곱 남매
한 숟갈씩 다 떠먹일 요량이었을까

이젠 여한이 없습니다
배부르고 건강하게 먹을 수 있는
푸짐한 양에 사랑, 사랑 끓습니다

혀끝으로 엄마의 맛을 음미해 봅니다
미간이 미안해해요

요즘 국은 조미료를 넣어야 맛있대요

주부 경력 사십 년이 된 여식
아버님 어머님 계신 곳으로
진하게 끓여 달려가는 중입니다

식당 아줌마

식당 아줌마가
시를
언제 써

덜 마른 손으로
간이 배게 꾹 눌러
한 글자 한 소리

파란 붓대로 서너 줄
빨간 붓대로 두세 줄
도마 위에 걸쳐놓고

마른 손으로 명품 글월
젖은 손으로 명가 요리

발로 총총 옮겨
지지고 볶다

눈으로 끌어 당겨
미식가 혀에 감긴

원주 나들이

어제
횡성 한우를 혼자 다 먹은 건 아닌 거 같은데
소 한 마리가 나를 끌고 다닌다

오리 문어 전복 보양탕이 들으면 서러워
뒤뚱거리다 전복될라

문어 가랑이가 산비탈을 기어올라
황기 능이를 끌어안은 죽
본죽 장사 사장님까지 봉지 싸 들고

소풍 날 보물을 찾은 느낌이 이랬지
청정 지역

사람 좋은 산속에서
배를 두들겨 가며 목청 껏 가무

감성 계좌

내 감성 계좌에
오래전에 숨겨놓은
몽당연필을 꺼내어
내숭을 떨어볼까

많이 늦었지만
지금 아니면 기회가
언제 또 있을까
한 번도 꺼내 쓰지 않았는데

확인해보면
감성에도
이자가 붙었을 건데
비밀번호가 뭐였더라

■ □ 시집해설

몸과 마음의 기쁨을 위한 시

김용길(시인)

시는 태초부터 이어져 왔다. 우리 행성에서 시는 끊임없이 자아를 새롭게 하고 삶을 노래하는 예술로 면면히 이어져 왔다. 더러는 흙 속에 묻히고 바람 속으로 날아갔으나, 5천 년 역사에서, 수백만 명의 사람들이 시를 쓰려고 노력했고 많은 작품을 남겼다.

모든 시대를 막론하고 시를 쓰는 전통은 아주 오래되었다. 시인은 자기 자신이 경험한 것에 대해서 쓴다. 하지만 아무리 상상력이 뛰어난 시인이라도 그 상상의 근저에는 자신의 경험이나 시대의 경험이 채록되어 있다.

동시대의 사람들은 그 경험을 공유하고 있는 편이다. 시인은 별난 사람이 아니고 그렇게 이기적이지 않다. 시대가 공유하는 경험을 대부분의 다른 사람들이 놓치고 있지만, 시인은 그 경험을 들추어내서 반추하고 제시할 뿐이다.

영국의 시인 필립 라킨Philip Arthur Larkin은 자신의 '경험을 보존하기 위해 시를 썼다'라고 말한 바 있으나, 시인의 시 쓰기는 자신을 위한 것이 아니라, 다른 사람들을 위한 일기장이었다. 말하자면 시는 인류의 기억 일부다. 그러므로 시는 순전히 개인적인 것을 초월해서 그 시대의 산물이 되는 것이다.

사람들은 눈앞에서 일어나는 큰 시대의 변화, 진정으로 영감을 주는 것을 만날 때마다, 통찰력과 활력을 발휘해서 시를 쓰기 시작한다. 그래서 '시인은 인정받지 못한 인류의 입법자'라고 시인 셸리Percy Bysshe Shelley는 말했다.

권오숙 시인은 '뒤늦게 시 농사를 지어 보겠다고' 나선 늦깎이 시인이다. 권 시인에게는 남들이 느끼지 못한 남다른 시대적 체험이 있는 것일까? 시 농사를 지어 보겠다고 뛰어들긴 했는데 걱정이 많다.

> 때를 놓쳐버린 곳에
> 싹이 제대로 틀까
> 줄기와 뿌리는
> 서로 엉키지는 않을까
>
> _「농사」 부분

하지만 시인에게는 평생을 간직해 온 '감성 계좌'가 있다.

내 감성 계좌에
오래전에 숨겨놓은
몽당연필을 꺼내어
내숭을 떨어볼까

많이 늦었지만
지금 아니면 기회가
언제 또 있을까
한 번도 꺼내 쓰지 않았는데

확인해 보면
감성에도
이자가 붙었을 건데
비밀번호가 뭐였더라

_「감성 계좌」 전문

 권 시인은 열쇠를 찾아낸 듯, 비밀번호를 찾아낸 듯 호기롭게 세상의 틈새를 비집고 들여다보며 한 번도 꺼내지 않은 물건들, 골동품들을 찾아낸다. 어눌한 것 같은 「솜씨」이지만 켜켜이 쌓인 물건들뿐만 아니라 있을 것 같지 않은 곳에 숨겨진 곳간까지도 찾아낸다. 「물의 힘」을, 세상의 이치를 새로운 시선으로 깨치고 있다. 그것이 시인만이 지닌 자신만의 경험, 남다른 시대적 체험인 셈이다.
 시는 가장 아름다운 글쓰기 형식 중 하나다. 아름다운 시는 종종 독자에게 강력한 영향을 미치고 지속적인 인상을 남길 수 있다. 시를 통해 시인은 산문에서는 종종 도달할 수 없는 수준의 언어를 통해 자신의 감정을 표현할 수 있다.

우리가 시를 읽거나 해석할 때 가장 먼저 시작해야 할 일은 다른 것을 읽는 것보다 더 깊은 수준에서 읽는 것이다. 빨리 읽는 것보다 시에 대해 주의를 기울이고 읽을 때, 우리는 훨씬 더 깊이 있고 훨씬 더 오래 지속되는 이해를 얻게 된다. 그래서 미국 시인 로버트 크리리Robert Creeley는 시를 읽는 것은 "주의를 기울이는 행위"라고 말했다. 사실 시를 읽고 쓰는 것은 세상에 관심을 기울이는 방법을 배우는 좋은 방법이다.

「감성 계좌」의 비밀번호를 기억해 낸 권오숙 시인은 원금은 남겨두고, 오랫동안 붙은 이자만으로도 넉넉히 살림을 꾸려나갈 여력이 있어 보인다.

권 시인의 시는 생각을 전달하는 방식이 독특하다. 서정적인 단어의 배열로 장면을 묘사하거나, 여백餘白의 미학을 활용해서 이야기를 집중적으로 전달하는 방식을 취하고 있다.

시의 기본 구성요소는 연聯라고 불리는 단락이다. 산문에서와는 달리 연은 같은 주제나 생각과 관련된 행行의 그룹이다. 권오숙 시인은 단어 사이에 여분餘分의 간격을 두고 행을 만들고 행과 행 사이에 여백을 만들어내는 행간行間의 미학적 구조를 취하고 있는데, 거기서 모두 성공하고 있는 것은 아니지만, 눈에 띄게 독특한 성취를 이룸으로써 앞날을 기대해도 좋겠다는 느낌을 준다. 가령,

눈감고 누웠는데
알록달록 별 사탕이
머리 위로 쏟아진다

하나둘 수를 놓듯
줄줄이 꿰면
달큼한 시가 되겠다

_「밤 1」부분

캄캄한 밤중
이리저리 뒤척이다
빛나는 별을 외상으로 사고

그 외 푸성귀는
몇 푼어치 안 되어 떨이로 사 들고
파장이 될 때까지 바닥을 휩쓸고 돌아다닌다

_「도깨비 시장」부분

더 슬피 울지 않게
비 행간에 프라이팬을 걸쳐
빈대떡이라도 부쳐주자
냄새 맡고 안으로 들어와

마른 눈물 닦을지

하늘은 실컷 울고
땅은 배가 불러야 조용해
나도 비 오면
슬픈지 고픈지
국시 삶아 한 행 두 행 리듬을 타

_「빗물」부분

저녁 먹은 설거지를 하고 뒤돌아보니
2홉들이 소주 한 병이
소파에서 삐딱하게 누워 잔다

아직 초저녁인데
코를 골던 알코올이
간이 휴게소도 들리지 않고

방으로 들어가더니
시속 백 킬론지
정식으로 달린다

_「밤 2」부분

바닥을 짚고 일어나
간신히
물 한 모금 입에 물고

거실에서 주방으로
주방에서 안방으로

밤새 접혔던 관절과
근육을 늘려가며
오늘도 외줄타기

무난히 지나갈 수 있으리라
믿으며
중심을 잡아보는

_「외줄 타기」 전문

 단어와 단어 사이, 행간과 행간 사이, 연과 연 사이에서 은은한 여백은 물론 팽팽한 에너지가 느껴질 정도다. 우주에는 우리가 모르는 진공 에너지가 차지하는 비중이 무척이나 높다고 한다. 현재까지의 관측 결과에 따르면 우주는 일반적 물질이 4.84%, 암흑물질이 약 25.8%, 암흑에너지가 약 69.2%의 비율을 차지하고 있다고 한다. 이를 시에 대입해보면, 일반물질인 문자가 차지하는 비중은 4.84%에 불과하므로 나머지 의미는 단어와 단어 사이, 행간과 행간 사이, 연과

연 사이에서 찾아내야 한다는 이치다.

 이런 시각으로 권 시인의 시를 접하면 시에서 여백이 암시하는 모든 것이 흥미롭다. 경험 또는 아이디어를 전달하기 위해 고안된 단어의 배열 혹은 언어의 구성이 생경하면서도 강렬한 시적 특성을 보여주고 있기 때문이다.

 시인은 특이한 단어 조합을 즐겨 사용한다. 권 시인 시는 언어의 독창성 때문에 우리에게 새로운 시각으로 충격을 주고 있다. 거기에는 어떤 암시를 지닌 듯한 문학적 기법이 느껴지기도 한다. 이는 시인이 고도의 기법을 터득했거나, 아니면 시인의 타고난 기질이 아닐까 싶다.

 시는 다양한 경험과 과정 감정을 몇 줄 또는 몇 연의 행간에 표현해야 하는 예술이다. 그래서 어렵다. 그 어려운 일을 해내는 시인들이 있기에 아직도 세상은 살만한 것일 것이다.

 17세기 철학자 토머스 홉스Thomas Hobbes는 인간의 삶을 '고독하고, 가난하고, 추악하고, 잔인하고, 짧다'라고 설파해서 섬뜩한 분위기를 자아낸 바 있다. 그런데도 대부분 시인은 우리가 살만한 세상을 위해 시를 쓴다.

 시는 모든 사람을 위한 것이다. 시를 쓰는 행위는 더욱 유연하고 창의적인 사고를 일으키고 지각을 넓히는 것은 물론 상징적 사고를 개발한다. 시는 감각을 발달시키고 감수성을 정제한다.

 어쨌거나 늦깎이 시인은 평범한 일상을 비범한 방식으로 표현하고 있다. 많은 시편에서 녹록지 않은 삶을 살아온 연륜과 삶의 향기가 느껴진다.

시를 쓰는 일은 내면의 나를 찾아가는 여정의 시작이다. 그럴 뿐만 아니라 주변 사람들과의 소통의 장으로 나아가는 길이기도 하다.

'환갑 진갑 다 지난' 권 시인의 부부애는 남달라 보인다. '작년 재작년에도 그랬듯이/올해도 어김없이/김칫소를 넣어주는 남'편이 있고, '안방극장에 모로 누워/사과가 먹고 싶다고/화면 보고 말했는데//몇 분 후/머리맡에 우두커니/포크에 꽂힌 사과'가 있다. '맛있다'

    자식들 다 나가고
    식구라곤 달랑 둘

    메인을 한가운데 놓고
    이것저것 가져다 먹으려니
    허접하고
    팔도 아프다

    찬은 간이 맞는지
    밥은 알맞게 잘 지어졌는지
    굳이 말은 안 해도
    코를 박고 먹는 소리에
    미각으로 끄덕끄덕

    중간쯤 먹었을까

식탁 모서리 옆

물병 사이로 손짓을 하니

냅킨을 쓱 빼서

말도 하지 않고 건네주는

_「부부 1」 전문

 부부애가 절로 느껴지는 풍경, '안 봐도 비디오'다.
 시는 시인의 마음을 반영한다. 시를 읽는 재미는 시인이 마음을 읽고 나아가서 예술적 의도를 감지하고 그 어떤 메시지를 읽는 영혼의 일일 것이다. 경험이나 상상력이 풍부한 시인의 시 세계를 접하게 되면 독자는 자신의 곳간이 넉넉해진 기분에 사로잡히게 된다.

아침 먹은 후에 약은 먹었는지

약봉지가 있는 쪽으로 가보니

커피 마셨던 컵에 앙금이 그대로 있다

약도 안 먹었다

약과 물을 마시면서 시계를 힐끔 쳐다보니

정오가 다 되어 가는데

지금까지 한 일이 없다

그럼 내 정신은 그동안

어디에 다녀온 건가

_「부재중」전문

 나이를 먹으면 누구나 깜빡깜빡하는데 약을 먹었는지 안 먹었는지 기억이 나지 않을 때는 참 난감하다. 그러나 어쩌랴. 그것이 자연의 이치인 것을. 받아들일 것은 받아들이고 넉넉한 아량으로 이 세상을 건너가야 할 일이다.
 권 시인의 시에는 음식 패키지 시가 많은 데 그 중 〈시 요리〉는 절창이다. 권오숙 시인이 감성 계좌〉에서 거듭 자금을 인출해서 '시 요리'의 대가의 반열에 오르기를 기원한다.

    시 요리를 하려면
    제목이 좋아야 하는데
    아니야

    시의 생명은
    물
    불
    간이야

    일류 요리사가
    특등급 소고기로 국을 끓여도
    삼박자가 맞지 않으면
    제목이 없지

같은 재료로
며느리는 부엌에서
시어머니는 안방에서
시 요리를 시작한다

안방에선
제목만 보고도
혀끝의 미각으로
입맛을 다시는데

부엌에선
같은 제목을 받아놓고
안방 전문가의 눈치를 살피며
물불 조절이 서툴러서
애를 먹는다

_「시 요리」 전문